마법한글떼지

4 받침 놀이터에서 받침·겹받침을 떼다!

글·그림 재미씨

재미씨

감수의 글

받침 · 겹받침 공부의 큰 산을 함께 넘어 주는 책!

아이들이 한글을 익힐 때 넘어야 할 큰 산이 몇 개 있습니다.

첫 번째는, 자음자와 모음자의 모양을 소리에 맞게 구별하는 것입니다. 아이들은 비슷하게 생긴 글자의 모양을 구별하는 데서부터 자신감을 잃곤 합니다. 하지만, 글자를 연상하기 쉬운 이미지와 이야기로 배우면 이 문제를 해결할 수 있습니다.

두 번째는, 읽기도 쓰기도 복잡한 받침 · 겹받침입니다. 이때, 적절한 도움을 주지 않으면 아이들은 한글을 어려워하고 멀리하게 됩니다. 읽기의 부진은 곧바로 다른 과목의 학습에도 영향을 주는 악순환으로 이어집니다. 이 책은 만화이기 때문에 받침·겹받침을 이미지와 이야기로 쉽게 이해할 수 있습니다. 받침의 기초 개념부터 받침 글자를 읽는 방법까지 깊고 상세하게 다룹니다. 순서대로 진도를 나가면 모든 유형의 받침·겹받침을 완벽하게 읽고 쓰게 됩니다.

모든 아이들이 받침과 겹받침의 높은 산을 웃으면서 행복하게 넘을 수 있도록 마음과 정성을 다해 집필하였습니다.

재미씨 교육연구소장

애니메이션을 보는 방법

 ① 가 보이면 스마트 기기로 QR코드를 비추세요.
받침 글자를 읽는 방법과 과정을 애니메이션으로
볼 수 있어요!

② 받침 글자 읽는 방법 바로 보기

ㅇ 받침	ㄱ,ㅋ,ㄲ 받침	ㄹ 받침	ㄴ 받침	ㅁ 받침	ㅂ,ㅍ 받침	ㄷ,ㅅ,ㅈ,ㅊ ㅌ,ㅎ,ㅆ 받침	겹받침
p.19	p.37	p.57	p.74	p.89	p.106	p.126	p.146

이 책을 읽는 방법

1. 하루에 한 개씩 읽어요.

아이의 상황에 맞게 더 빠르거나, 더 천천히 읽어 주세요.

1일	2일	3일	4일	5일	6일	7일	8일
ㅇ 받침	ㄱ,ㅋ,ㄲ 받침	ㄹ 받침	ㄴ 받침	ㅁ 받침	ㅂ,ㅍ 받침	ㄷ,ㅅ,ㅈ,ㅊ ㅌ,ㅎ,ㅆ 받침	겹받침

2. 받침 시소로 받침의 소리를 쉽게 배워요.

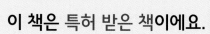

이 책은 특허 받은 책이에요.

자음의 소리와 자음이 받침으로 쓰일 때의 소리를 받침 시소를 이용해 직관적으로 쉽게 이해하고 기억할 수 있어요.

그림을 보며 받침의 소리를 따라 읽어 보도록 지도해 주세요.

3. 받침 글자 읽는 원리를 배워요.

QR코드를 비추면 받침 글자 읽는 과정을 애니메이션으로 볼 수 있어요. 전문 성우의 정확한 발음을 듣고 따라 읽으며 반복해서 연습해요.

4. 메타인지 문제로 실력을 점검해요.

퀴즈가 나오면 혼자서 풀어 보도록 해주세요. 잘 모르는 글자를 확실히 알고 넘어갈 수 있는 좋은 기회가 됩니다.

5. 겹받침은 낱말 읽기에 집중해요.

아이가 어려워하면 낱말만 읽어 주세요. 겹받침은 예외 규정이 많아서 문법적으로 접근하기보다는 그림으로 낱말의 뜻을 이해하고 낱말을 여러 번 읽으며 익히는 것이 좋습니다.
규칙은 어른이 이해해서 정확한 발음으로 지도해 주시면 됩니다.

등장인물 소개

공룡

언제나 백발백중!
최고의 양궁 선수

긴 다리 공격수와
방패 골키퍼
환상의 축구 짝꿍

학, 거북

울퉁불퉁
근육으로
어떤 장애물도
통과하는
달리기 선수

말

문어, 판다, 기린

어떤 물건이든 연주할 수 있는 난타 공연팀

풍이

글자를 배우기 위해서라면 무엇이든지
용감하게 도전하는 꼬마곰
마늘과 쑥을 먹고 머리카락이 생겼어요.

염소, 고슴도치

무엇이든지 몸으로 표현할 수 있는
몸 퀴즈의 달인들

김바비

모든 김밥 레시피를
가지고 있는
김밥 요리사

로봇

[은]소리 받침 물건이면
무엇이든지 소환할 수 있는
만능 로봇

닭

겹받침 글자
읽는 방법을
잘 알고 있는
겹받침 척척박사

워리

풍이 곁을 든든하게 지키며 받침을 떼도록
도와주는 3년 차 서당개. 3년 개근상으로
받은 목걸이를 소중하게 생각해요.

차례

9

와! 재밌겠다! 뭐부터 타지?

풍이야! 여기 지도 있어!

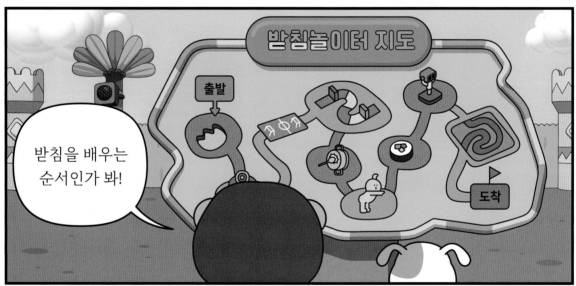

받침을 배우는 순서인가 봐!

출발

공룡 받자국이 출발이야.

워리야, 가자!

쿵!
쿵!

얘들아, 안녕!
받침 놀이터에
온 걸 환영해!

나는
활쏘기 대장
공룡이야.

공룡

공룡아!
반가워!

우리 같이
재밌는 놀이 할래?

좋아!

우리가 할
놀이야.

아하!
야구!

야구가 아니라
양궁 할 건데?

공룡아! 이거 야구라고 쓰여 있어.
밑에 야구공도 두 개나 그려져 있고.

이건
야구공이 아니라
ㅇ 받침이야!

내가 받침 글자에
대해 알려 줄게!

받침 글자

야

이렇게 기본 글자 밑에 있는
자음자를 **받침**이라고 해.

ㅇ이 밑에 있으니까
ㅇ 받침이라고 하면 돼.

글자를 읽으려면 자음과 모음의
소리를 알아야 했던 것처럼

**받침 글자를 읽으려면
받침의 소리를 알아야 해.**

ㅇ은
소리가
없는데?

맞아! 하지만 받침일 때는 소리가 있어.
받침 시소로 내가 쉽게 설명해 줄게!

 지도
가이드   초성(첫소리)에 쓰이는 ㅇ (이응)은 음가가 없어요.

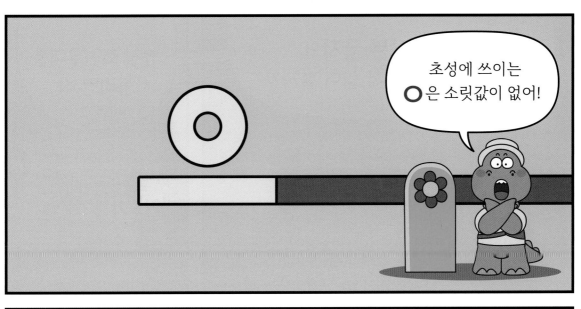

가

가

[가 - 응]

가

[가응]

강
[강]

걍
[갸 - 응]
[갸응]
[걍]

겅
[거 - 응]
[거응]
[겅]

경
[겨 - 응]
[겨응]
[경]

공
[고 - 응]
[고응]
[공]

꽁
[교 - 응]
[교응]
[꽁]

궁
[구 - 응]
[구응]
[궁]

귱
[규 - 응]
[규응]
[귱]

긍
[그 - 응]
[그응]
[긍]

깅
[기 - 응]
[기응]
[깅]

 배운 대로 따라 읽어 보세요!

19

엉덩이를 찧어서 그런가?
응가 마렵네!

응가

화장실을
가야겠어!

뽕 뽕 뽕

풍이야,
화장실은
반대쪽이야.

그야 당연하지~
장미향 **향수**를 뿌렸으니까.

풍이도 왔으니
이제 과제를 시작해 보자.

이번 과제는
낱말을 읽고
활로 표적을
맞추는 거야.

탁!

먼저
낱말을 읽고

공

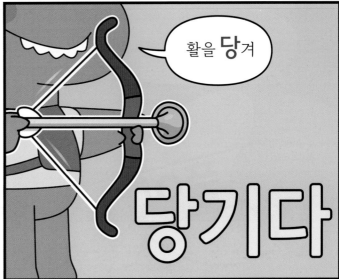

활을 **당**겨

당기다

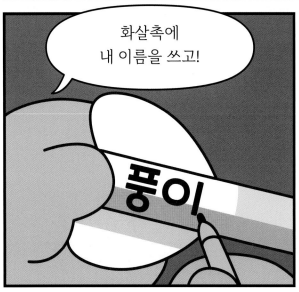

낱말을 읽고 알맞은 그림을 찾아 선으로 이어 보세요.

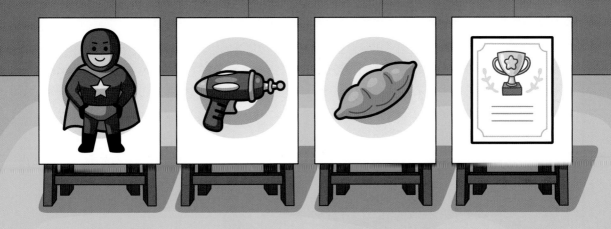

•   •   •   •

•   •   •   •

| 콩 | 영웅 | 총 | 상장 |

붕!

아이쿠!

꽈당!

괜찮아? 이번 과제는
축구를 잘해야 해!

긴 다리
학이 공 차는 법을
가르쳐 줄게!

학

한쪽 발을
축구공 옆에
디디고

축구공

다른 쪽 발등으로
공을 차면 돼!

팡!

슈우웅!

허벅지

열심히 연습하면
나처럼 멋진 **허벅지**를 갖게 돼.

나, 헤딩은
자신 있어!

이번에야말로 나의
멋진 모습을 보여주겠어!

워리야~
공 좀 던져 줘!

자~
보시라!

부웅~

으악!

턱!

아!
내 턱!

턱

잘못하면 다칠 수 있어.
내가 헤딩도 가르쳐 줄게.

먼저 목에 힘을 주고!

목

이마로 공을
맞추면 돼.

퉁!

짝짝짝!

그럼,
연습 시작!

연습! 연습!

툿!

팡!

툿!

팡!

연습은 그 정도면 충분해!
과제를 성공하려면 ㄱ 받침
글자를 읽을 줄 알아야 해.
먼저, ㄱ 받침의 소리를
알아보자!

ㄱ을 닮은 ㅋ, ㄲ도 받침이 되면 모두 [윽] 소리가 나요.

[가], [윽] 두 소리를 번갈아 점점 빠르게 말해요!

가

ㄱ

[가 - 윽]

 가

ㄱ

[가윽]

 각

[각]

 걕

[갸 - 윽]
[갸윽]
[걕]

걱

[거 - 윽]
[거윽]
[걱]

격

[겨 - 윽]
[겨윽]
[격]

곡

[고 - 윽]
[고윽]
[곡]

꼭

[교 - 윽]
[교윽]
[꼭]

국

[구 - 윽]
[구윽]
[국]

귝

[규 - 윽]
[규윽]
[귝]

극

[그 - 윽]
[그윽]
[극]

긱

[기 - 윽]
[기윽]
[긱]

배운 대로 따라 읽어 보세요!

이제,
과제 시작!

이번 과제는 상자에 쓰인 글자를 읽고
내가 찰 공을 선택해서 골대에 넣으면 돼!

탁구공 / 럭비공 / 축구공

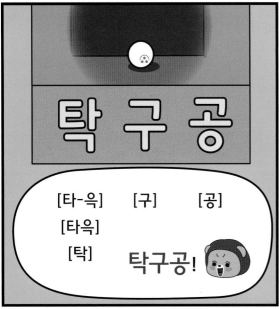

탁 구 공

[타-윽]   [구]   [공]
[타윽]
[탁]   탁구공!

럭 비 공

[러-윽]   [비]   [공]
[러윽]
[럭]   럭비공!

축 구 공

[추-윽]   [구]   [공]
[추윽]
[축]   축구공!

나의 선택은
축구공!

최고! 최고!

얘들아~ 땀 흘렸으니까
우리 같이 **목욕**하자!

목욕하니까 참 좋다~

목욕

치약을 짜서

치약

이도 **닦고**!

치카
치카

⭐ ㄱ, ㅋ, ㄲ 받침 모두 [윽] 소리가 나요. ⭐

이제 방향을 바꿔서!

박박~

박박~

목욕하니까 개운하고 좋다!

목도 마른데 좋은 간식 없을까?

그래, 갈증 날 땐 이게 최고지!

수박

ㄱ, ㅋ, ㄲ 받침 모두 [윽] 소리가 나요.

보기 와 같이 낱말의 그림을 찾아 낱말 번호를 써 보세요.

보기

1. 떡

2. 국자   3. 옥수수   4. 복숭아
5. 호박   6. 미역국   7. 떡볶이

맛있게 먹었으니, 부엌도 정리하자!

45

만져 봐도 돼.

돌

우아~
돌처럼 딱딱해!

철봉

철봉으로 턱걸이 연습을
많이 해서 그래.

힘을 기르려면 먹는 것도 잘 먹어야 해.

우리 **달걀** 먹고 하자.

달걀

잘 먹겠습니다!

나는 머리가 **돌**처럼 딱딱 하니깐!

탁!

나도! 나도!

탁!

하 하 하

읍!

쾅!
쾅!

그러다 체하겠다!
어서 물 마셔.

물

벌컥!
벌컥!

아!
시원해!

자, 이제 팔 힘을 키우기 위해
턱걸이 연습을 해 볼까?

좋아! 좋아!

가
가
갈

[갈]

[가을]

[가 – 을]

걀
[갸 – 을]
[갸을]
[걀]

걸
[거 – 을]
[거을]
[걸]

결
[겨 – 을]
[겨을]
[결]

골
[고 – 을]
[고을]
[골]

굘
[교 – 을]
[교을]
[굘]

굴
[구 – 을]
[구을]
[굴]

귤
[규 – 을]
[규을]
[귤]

글
[그 – 을]
[그을]
[글]

길
[기 – 을]
[기을]
[길]

 배운 대로 따라 읽어 보세요!

57

자! **나팔**을 불면 과제 시작!

나팔

우 우 우 뿌 우 우

얼음 장애물이야.

너무 차가워서 맨발로는 지나갈 수 없어!

그래, 발을 따뜻하게 할 수 있는 **양말**이 필요해!

양말

물총   오리

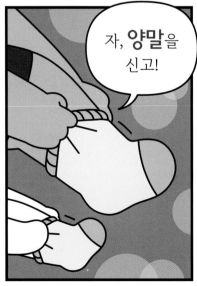

자, **양말**을 신고!

보기 처럼 장애물 통과에 필요한 도구를 골라 번호를 쓰세요.

보기
① 양말　② 줄　③ 칼
④ 물총　⑤ 오리발　⑥ 등불

출발!
① 얼음

덩굴

동굴

불

벽돌

통과!

물

59

과제
통과!

어? 이런…

장애물을 통과하다가
워리의 **목걸이**가 찢어졌어.

3 목걸이

걱정 마!
좋은 방법이
있을 거야!

맞아!
나한테 아주 좋은
해결책이 있어!

이번 기회에
방울이 달린 목걸이로
바꾸는 게 어때?

방울

싫어!
싫어!

휙!

워리 **목걸이**는 세종대왕님이
3년 개근상으로 주신 거라
워리한테 엄청 소중한 거야.

사물들이 엄청 많아!

안녕, 얘들아!

안녕

안녕~

나는 풍이고

나는 워리야!

두구 두구 두구 두구

친구

우리는 모두 **친구**야.

반가워 **친구**들아!

근데 사물들이 왜 이렇게 많아?

이번 과제가 사물을 악기처럼 사용해서

다양한 소리를 내는 **난타 공연**이거든.

난타 공연

우리가 시범을 보여 줄게.

우와, 재밌겠다!

바로 과제 시작!

아직 안돼!

왜?

ㄴ **받침**이 들어간 사물을 선택해서 공연을 해야 과제 성공이야!

사물을 올바르게 선택하려면 ㄴ **받침** 글자를 읽을 줄 알아야 해.

받침 시소로 ㄴ **받침**의 소리를 배워 볼까?

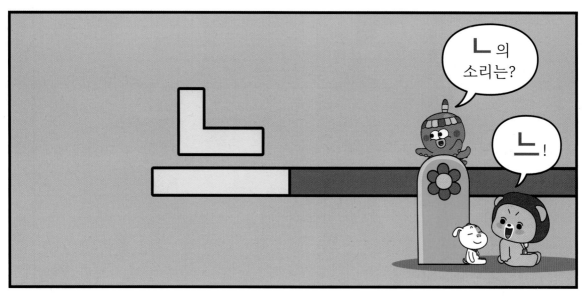

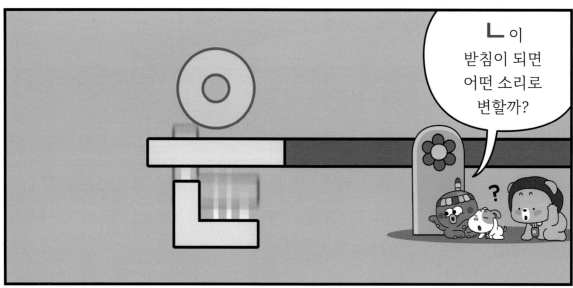

가
ㄴ

[가 - 은]

가
ㄴ

[가은]

간

[간]

걘

[갸 - 은]
[갸은]
[걘]

건

[거 - 은]
[거은]
[건]

견

[겨 - 은]
[겨은]
[견]

곤

[고 - 은]
[고은]
[곤]

굔

[교 - 은]
[교은]
[굔]

군

[구 - 은]
[구은]
[군]

균

[규 - 은]
[규은]
[균]

근

[그 - 은]
[그은]
[근]

긴

[기 - 은]
[기은]
[긴]

 배운 대로 따라 읽어 보세요!

자, 그럼
과제 시작!

땅!

눈

먼저 눈으로
시작할까?

뽀드득

뽀드득

바로 그거야!

워리야!
다른 사물로도 해 보자!

좋아!
좋아!

그림에 알맞은 낱말을 보기 에서 찾아 쓰고
예시 처럼 ㄴ 받침이 들어간 글자에 ◯해 보세요.

보기

바지, 반지, 무, 문, 블록, 우산, 연필
신발, 청진기, 선풍기, 단추, 짜장면

예시
인 형

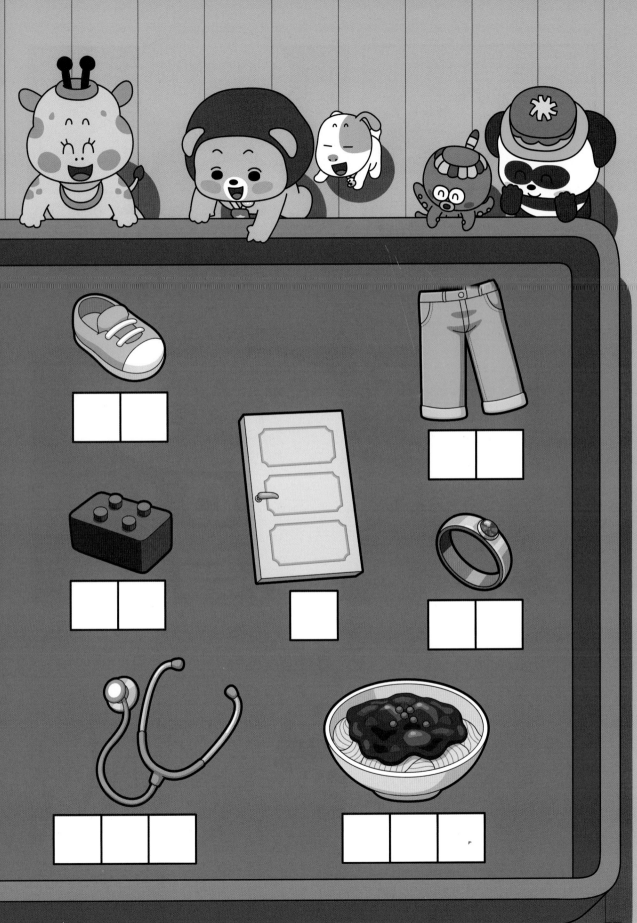

79

팍!
팍!

팍! 팍! 팍!

라면수프를
넣어서

슥
싹
슥
싹

이번엔 먹으면서~

오도독!

신난다!

오
도
독!

염소야
뭐 하는 거야?

염소

몸으로 말해요
놀이 중이었어.

몸으로 말해요
놀이?

바로
이번 과제야.

주어진 제시어를 보고
몸으로 표현하면

악어

밤송이

정답!
밤송이!

밤송이

진짜 밤송이
같아!

정답!

또르르

제시어를 똑바로 읽기 위해서는
ㅁ 받침을 알아야 해.

시소로
이동!

가

가

[가 - 음]

[가음]

[감]

걍	검	겸
[갸 - 음] [갸음] [걍]	[거 - 음] [거음] [검]	[겨 - 음] [겨음] [겸]
곰	굠	굼
[고 - 음] [고음] [곰]	[교 - 음] [교음] [굠]	[구 - 음] [구음] [굼]
귬	금	김
[규 - 음] [규음] [귬]	[그 - 음] [그음] [금]	[기 - 음] [기음] [김]

 배운 대로 따라 읽어 보세요!

그렇다면

휙!

이걸로
점을!

후비적

후비적

나왔다!

쏙!

이걸 여기에
붙이면!

톡!

정답!
코딱지!

점

이게
아닌데….

휘청~

발견!
발견!

꾹!

정답!
엉덩이!

점

아닌데….

불쑥!

아하!
점!

점

◯ 정답!

야호!

흠! 흠!

시간이 없어!
빨리해야 해!

몸동작에 알맞은 제시어에 ○하세요.

하품　거품

장수　잠수

상품　샴푸

점토　점프

수염　수영

과제 성공!

콜록!
콜록!

아하!
몸으로 말해요 놀이
더 하자고?

정답은
기침!

기침

또리

또리

자, 워리야~

감기약
꿀꺽 먹고

아~

잠

잠을 푹 자자.
그럼 빨리 나을 거야!

이게 뭐야?
재료만 있잖아!

김밥을 직접 만드는 게
이번 과제야!

직접?
왠지 재밌겠는데!

워리야!
당장 만들자!

좋아!
좋아!

102

잠깐!
그냥 만들면
안돼!

우당탕!

스윽~

반드시
이 **수첩**에
적혀 있는

수첩

요리법

요리법대로
만들어야 해!

수첩의 내용을
읽기 위해서는
ㅂ 받침을
알아야 해!

103

가
ㅂ

[가 - 읍]

가
ㅂ

[가읍]

갑

[갑]

갸ㅂ

[갸 - 읍]
[갸읍]
[갑]

겁

[거 - 읍]
[거읍]
[겁]

겹

[겨 - 읍]
[겨읍]
[겹]

곱

[고 - 읍]
[고읍]
[곱]

꼽

[교 - 읍]
[교읍]
[꼽]

굽

[구 - 읍]
[구읍]
[굽]

귭

[규 - 읍]
[규읍]
[귭]

급

[그 - 읍]
[그읍]
[급]

깁

[기 - 읍]
[기읍]
[깁]

 배운 대로 따라 읽어 보세요!

자, 그럼 **김밥**을 만들기 위해 요리 준비를 해 볼까!

☁ 낱말을 읽고 알맞은 그림에 연결하세요. ☁

도마 ·

칼 ·

앞치마 ·

접시 ·

비닐장갑 ·

☁ ㅂ, ㅍ 받침 모두 [읍] 소리가 나요. ☁

준비는 끝났고 이제 요리 방법을 볼까!

김밥 요리 방법

1. 김발 위에 김 준비

2. 밥에 소금을 섞는다.

3. 김 위에 밥을 펴 준다.

4. 오이, 당근, 우엉, 시금치, 어묵, 햄, 달걀지단, 단무지를 올려준다.

5. 김발로 잘 말아준다.

6. 참기름을 바르고

7. 적당한 크기로 칼로 썰어준다.

자, 그럼 첫 번째!

김발 위에 김을 놓고

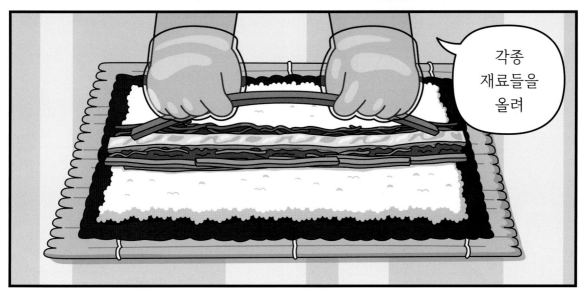

김발로 잘 말아 주기!

말아! 말아!

옆구리가 안 터지게 잘 말았어!

옆구리

고소한 참기름을 바르고

칼로 썰어 주면

쓱싹

쓱싹

ㅂ, ㅍ 받침 모두 [읍] 소리가 나요.

자, 맛있게 먹어~

먹방 시작!

허겁 지겁

쏙! 쏙! 쏙!

딸꾹!

너무 허겁지겁 먹었구나!

기다려 내가 물을 갖다줄게!

이런! **컵**이 없잖아!

그렇다면...딸꾹!...마법으로...

딸꾹!

컵

말만 해! 뭘 찾으면 돼?

❶ ~ ❽ 문장에 해당하는 그림을 찾아 ⭕ 하세요.

❶ 비눗방울을 부는 아이   ❷ 블록 쌓기 하는 강아지

❸ 돋보기로 찾는 사람   ❹ 젖병을 든 아기

여기에 적힌 사람이나 동물을 찾는 놀이야!

찾기 목록을 읽으려면 **ㄷ, ㅅ, ㅈ, ㅊ, ㅌ, ㅎ, ㅆ** 받침을 알아야 해.

배울 게 그렇게 많아?

읃웃웆웇읕읗윘=[읃]

걱정 마. 받침으로 쓰일 때는 모두 같은 소리 [읃]으로 발음되니까.

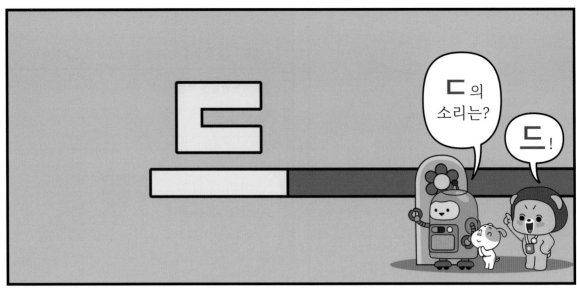

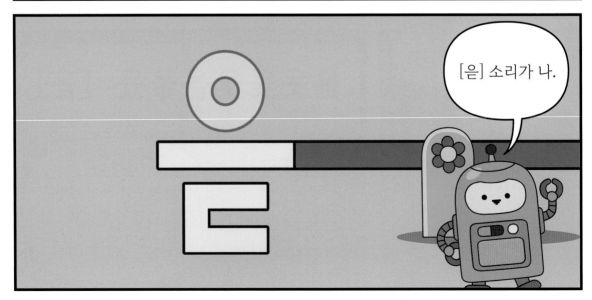

[가], [읃] 두 소리를 **번갈아 점점 빠르게** 말해요!

가 ㄷ

[가 – 읃]

가 ㄷ

[가읃]

갇

[갇]

갿

[갸 – 읃]
[갸읃]
[갿]

걷

[거 – 읃]
[거읃]
[걷]

겯

[겨 – 읃]
[겨읃]
[겯]

곧

[고 – 읃]
[고읃]
[곧]

굗

[교 – 읃]
[교읃]
[굗]

굳

[구 – 읃]
[구읃]
[굳]

귣

[규 – 읃]
[규읃]
[귣]

귿

[그 – 읃]
[그읃]
[귿]

긷

[기 – 읃]
[기읃]
[긷]

배운 대로 따라 읽어 보세요!

⬡ ㄷ, ㅅ, ㅈ, ㅊ, ㅌ, ㅎ, ㅆ 받침 모두 [읃] 소리가 나요. ⬡

❶ 비눗방울을 부는 아이　❷ 블록 쌓기 하는 강아지

❸ 돋보기로 찾는 사람　❹ 젖병을 든 아기

5 가마솥에 탄 하마   **6** 악어랑 걷고 있는 사람

7 꽃다발을 든 사람   **8** 비옷을 입은 사람

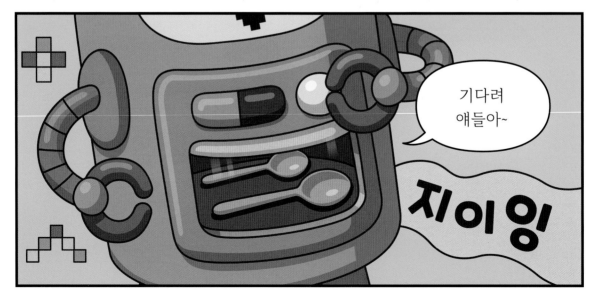

겹받침

짹 짹

짹
짹

밝다
[박따]

날이 **밝**았네.

꼬끼오로
아침을 알릴
시간이야!

우선
목을 풀고~

꼬!

꼬!

딩
디
띠

꼬!

미안, 오해를 했네.

안녕! 나는 **닭**이야.

닭
[닥]

우린 배고파서 인사할 힘도 없어.

그렇다면 내가 감자를 **삶**아 줄게.

여덟 개면 충분하겠지?

여덟
[여덜]

진흙탕
[진흑탕]

진흙탕에 빠지게 돼.

올바른 길을 선택하기 위해서는 겹받침 글자를 알아야 해!

겹받침?

겹받침은 내 이름 닭처럼 서로 다른 모양의 받침이 두 개 있는 걸 말해.

닭
ㄹㄱ

지도요령 겹받침은 예외 규정이 많기 때문에 문법적으로 접근하기보다는 낱말을 여러 번 읽으며 익히는 것이 좋습니다.

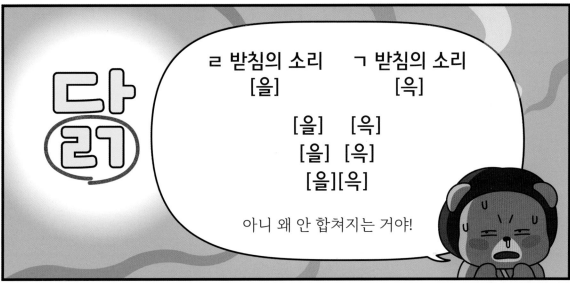

지도
가이드

쓸 때는 닭, 발음은 [닥] 우리말은 글로 쓸 때와 입으로 소리 낼 때가 다른 말이 많습니다.
쓸 때와 소리 낼 때의 차이를 알고 어법에 맞게 쓰고 올바로 발음하도록 합니다.

145

겹받침의 대표음을 선택하는 방법

※ 아이가 어려워하면 낱말만 읽어 주세요. 규칙은 어른이 이해해서 정확한 발음으로 지도해 주시면 됩니다.

1 겹받침 뒤가 'ㅇ'일 때는 앞 자음을 대표음으로 읽어요!

ㄳ ㄵ ㄶ ㄺ ㄻ ㄼ ㄽ ㄾ ㄿ ㅀ ㅄ

겹받침 뒤에
자음 ㅇ이 오면

읽은

겹받침 중
앞 자음을
대표음으로 선택해서
발음하면 돼.
[일] 이렇게!

읽은

그리고
뒤 자음은 ㅇ자리로
옮겨서 발음하면 돼.
[근] 이렇게!

[일근]

146

앗! 너무 쉽잖아!

그럼 배운 대로
다음 낱말을 읽어 볼까?

닮은
[달믄]

앉아
[안자]

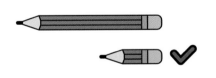

짧은
[짤븐]

핥아
[할타]

ㄳ ㄵ ㄶ ㄼ ㄽ ㄾ ㅀ ㅄ

※ 겹받침 11개 중에 무려 8개가 앞 자음으로 소리를 내.

어떤 낱말들이 있나 볼까?

없다
[업따]

없다

앞 자음을 대표음으로 선택해서
[업]으로 발음하고 뒷글자는 세게
발음하면 돼. [업따] 이렇게!

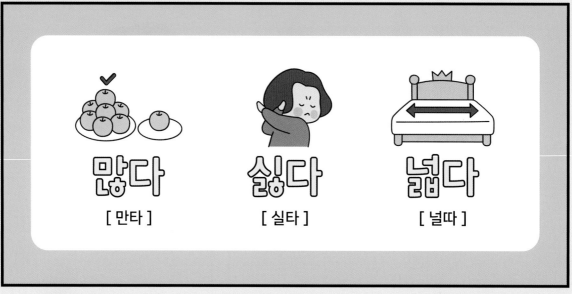

많다
[만타]

싫다
[실타]

넓다
[널따]

지도 가이드
겹받침이 어말이나 자음 앞과 같은 음절의 종성에서는 앞 자음 혹은 뒤 자음을 대표음으로 발음합니다.
겹받침 뒤에 이어지는 자음에 따라 경음화, 격음화 등의 발음 규칙이 적용됩니다. 아이들의 눈높이에
맞춰 '겹받침 뒤가 ㅇ이 아닐 때 앞 자음을 대표음으로 읽는 겹받침'으로 쉽게 표현하였습니다.

또 하나!
ㄼ은 예외가
조금 있어!

예외

밥다
[밥따]

넓적하다
[넙쩌카다]

평소에는 앞 자음 [ㄹ]로 발음하는데,
밟다[밥따], **넓적하다**[넙쩌카다]
할 때는 뒤 자음 [ㅂ]으로 발음해.

그럼~ 그럼~
어디나 예외는 있는 법이지!

끄덕
끄덕

11개 중에
8개나 배웠으니
바로 과제를 해도
될 것 같은데?
워리야 가자!

싫어! **진흙탕**에
빠지면 어떡해!

워~ 워~
다 배우고 갈게.
화 풀어~~

닭아~ 다음 거
안 가르쳐 주고 뭐해~

어...어...

겹받침 뒤가 'ㅇ'이 아닐 때 뒤 자음을 대표음으로 읽는 겹받침

ㄹㄱ ㄹㅁ ㄹㅍ

어떤 낱말들이 있나 볼까?

옮다

[옴따]

옮다

뒤 자음을 대표음으로 선택해서
[옴]으로 발음하고 뒷글자는 세게
발음하면 돼. [옴따] 이렇게!

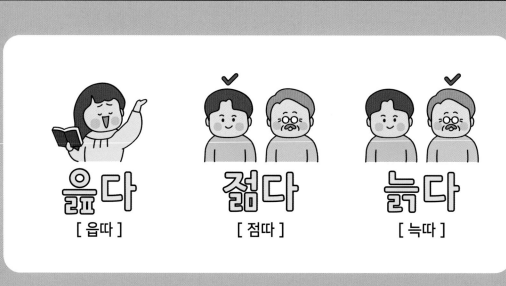

읊다
[읍따]

젊다
[점따]

늙다
[늑따]

설마 이번에도
예외가 있어?

예외

 맑게
[말께]

 밝고
[발꼬]

물론이지, ㄺ은 평소에는 뒤 자음 [ㄱ]으로
발음하는데, **맑게**[말께], **밝고**[발꼬]의
경우처럼 ㄱ 앞에서는 앞 자음 [ㄹ]로 발음해.

마지막 정리

| ㄳ ㄵ ㄶ ㄺ ㄽ ㄾ ㄿ ㅀ ㅄ ㄻ ㄼ | 겹받침은 모두 11개 |

겹받침 뒤가 'ㅇ'일 때는

ㄳ ㄵ ㄶ ㄽ ㄾ ㅀ ㅄ ㄼ ㄺ ㄻ ㄿ   앞 자음을 대표음으로 발음해요!

겹받침 뒤가 'ㅇ'이 아닐 때는

ㄳ ㄵ ㄶ ㄽ ㄾ ㅀ ㅄ ㄼ | ㄺ ㄻ ㄿ   앞 자음을 대표음으로
발음하는 겹받침

ㄳ ㄵ ㄶ ㄽ ㄾ ㅀ ㅄ ㄼ ㄺ ㄻ ㄿ   뒤 자음을 대표음으로
발음하는 겹받침

ㄳ ㄵ ㄶ ㄽ ㄾ ㅀ ㅄ ㄼ ㄺ ㄻ ㄿ   앞 자음 혹은 뒤 자음을 대표음으로
발음하는 겹받침

지도요령 겹받침은 예외 규정이 많기 때문에 문법적으로 접근하기보다는 그림으로 낱말을 이해하며
반복해 읽는 것이 가장 좋습니다. 아이가 어려워하면 낱말만 여러 번 읽도록 지도해 주세요.
(겹받침의 예외 규정 더 자세히 알아보기 P. 160~161)

151

도착

많다

읽다

넓다

밝다

153

마법을 써야겠어!

'화' 자를 못 쓰겠어. 어떡하지?

'화' 자를 쓰려면 복잡한 모음을 알아야 해요.

쓰윽~

앗! 세종대왕님!

그렇다면 어서 가르쳐 주세요! 복잡한 모음!

앗! 헤헤헤

꼬질~ 꼬질~

씻으려면 **맑은 물**이 필요한데

여긴 온통 **흙탕물** 뿐이야.

흙탕물

[흙탕물]

그렇다면 마법으로!

맑은 물

나와라! 맑은 물!

맑은 물

맑은 물

맑은 물로
깨끗하게!

워리야, 준비됐어?

한글
미술관

미술관으로
출발!

겹받침의 다양한 발음 규칙

겹받침은 다양한 발음 규칙과 복잡한 예외 규칙이 많습니다.
앞에서 다루지 못한 규칙과 예외 규칙을 다양한 예시를 통해 알아봅니다.

1. 음절의 끝소리 규칙

겹받침이 단어의 끝에 오거나 다른 자음 앞에 오면 겹받침을 이루는 두 자음 중 하나가 탈락하게
됩니다. 이것은 음절 종성에서 두 개의 자음이 발음되지 못하는 국어의 음절 구조 제약 때문이며
겹받침도 음절 종성에서는 'ㄱ, ㄴ, ㄷ, ㄹ, ㅁ, ㅂ, ㅇ'의 7개 자음 중 하나로 발음합니다.
(※ 학교 문법에서는 자음군 단순화와 음절말 평파열음화를 아울러 음절의 끝소리 규칙이라고 합니다.)

겹받침 ㄳ, ㄵ, ㄼ, ㄽ, ㄾ, ㅄ은 어말 또는 자음 앞에서 각각 [ㄱ, ㄴ, ㄹ, ㅂ]으로 발음한다.
다만, '밟-'은 자음 앞에서 [밥]으로 발음하고, '넓-'은 다음과 같은 경우에 [넙]으로 발음한다.
넋[넉]   앉다[안따]   여덟[여덜]   넓다[널따]   외곬[외골]   핥다[할따]   값[갑]   없다[업따]
밟다[밥따]   밟고[밥꼬]   밟는[밥는→밤는]   넓죽하다[넙쭈카다]   넓둥글다[넙뚱글다]

겹받침 ㄺ, ㄻ, ㄿ은 어말 또는 자음 앞에서 각각 [ㄱ, ㅁ, ㅂ]으로 발음한다.
다만, 용언의 어간 말음 'ㄺ'은 'ㄱ' 앞에서 [ㄹ]로 발음한다.
닭[닥]   늙지[늑찌]   맑다[막따]   젊다[점따]   읊다[읍따]   맑게[말께]   묽고[물꼬]

겹받침 ㄶ, ㅀ 뒤에 'ㄱ, ㄷ, ㅈ'이 결합되는 경우, 뒤 음절의 첫소리와 합쳐서 [ㅋ, ㅌ, ㅊ]으로 발음한다.
많고[만코]   않던[안턴]   닳지[달치]

겹받침 ㄵ, ㄺ, ㄼ이 뒤 음절 첫소리 'ㅎ'과 결합되는 경우에도 [ㅊ, ㅋ, ㅍ]으로 발음한다.
앉히다[안치다]   밝히다[발키다]   넓히다[널피다]

겹받침 ㄶ, ㅀ 뒤에 'ㅅ'이 결합되는 경우, ㅅ을 [ㅆ]으로 발음한다.
많소[만쏘]   싫소[실쏘]

겹받침 ㄶ, ㅀ 뒤에 'ㄴ'이 결합되는 경우, 'ㅎ'을 발음하지 않는다.
않는[안는]   뚫는[뚤는→뚤른]

겹받침 ㄶ, ㅀ 뒤에 모음으로 시작된 어미나 접미사가 결합되는 경우에는 'ㅎ'을 발음하지 않는다.
않은[아는]   닳아[다라]   싫어도[시러도]

2. 유음화 규칙

'ㄹ'과 'ㄴ'이 인접하면 'ㄴ'이 'ㄹ'에 동화되어 'ㄹ'로 바뀌게 됩니다.

'ㅀ', 'ㄾ' 뒤에 'ㄴ'이 연결되는 경우 [ㄹ]로 발음한다.
닳는[달른]   뚫는[뚤른]   핥네[할레]

3. 비음화 규칙

받침 'ㄱ, ㄷ, ㅂ' 뒤에 비음인 'ㄴ, ㅁ'이 올 때 앞선 자음인 'ㄱ, ㄷ, ㅂ'이 뒤에 오는 비음의 조음
방식에 동화되어 동일한 조음 위치의 'ㅇ, ㄴ, ㅁ'으로 바뀌는 음운 변동이 있습니다. 겹받침의
경우 자음 중 하나가 탈락한 후에 남는 자음이 'ㄱ, ㄷ, ㅂ'인 경우에 비음화가 적용됩니다.
(단, 종성 대표음이 [ㄱ,ㄷ,ㅂ] 중 하나로 발음되는 경우도 포함)

겹받침 ㄳ, ㄺ, ㄼ, ㄿ, ㅄ은 'ㄴ, ㅁ' 앞에서 [ㅇ, ㄴ, ㅁ]으로 발음한다.
몫몫이[몽목씨] 굵는[긍는] 흙만[흥만] 밟는[밤는] 읊는[음는] 없는[엄는]

4. 연음화 규칙

겹받침을 가진 말 뒤에 모음으로 시작하는 형식 형태소가 결합하면 겹받침의 앞 자음은 음절의
종성에서 발음되고 겹받침의 뒤 자음은 다음 음절 초성으로 이동하여 발음됩니다.

**겹받침이 모음으로 시작된 조사나 어미, 접미사와 결합되는 경우, 겹받침의 뒤 자음을 뒤에 오는 음절
첫소리로 옮겨 발음한다. (단, ㅅ은 된소리로 발음)**
넋이[넉씨] 앉아[안자] 닭을[달글] 젊어[절머] 곬이[골씨] 핥아[할타] 읊어[을퍼] 없어[업써] 값을[갑쓸]

**겹받침 뒤에 'ㅏ, ㅓ, ㅗ, ㅜ, ㅟ'로 시작되는 실질 형태소가 연결되는 경우 대표음으로 바꾸어서 뒤 음절
초성으로 옮겨 발음한다.**
닭 앞에[다가페] 값있는[가빈는]

5. 경음화 규칙

겹받침 ㄳ, ㄺ, ㄼ, ㄿ, ㅄ 뒤에 연결되는 'ㄱ,ㄷ,ㅂ,ㅅ,ㅈ'은 된소리로 발음합니다.

넋받이[넉빠지] 닭장[닥짱] 넓죽하다[넙쭈카다] 읊조리다[읍쪼리다] 값지다[갑찌다]

**어간 받침 ㄵ, ㄻ, ㄼ, ㄾ 뒤에 결합되는 어미의 첫소리 'ㄱ,ㄷ,ㅅ,ㅈ'은 된소리로 발음합니다.
다만, 피동, 사동의 접미사 '-기-'는 된소리로 발음하지 않습니다.**

앉고[안꼬] 얹다[언따] 닭고[담꼬] 젊지[점찌] 넓게[널께] 핥다[할따] 굶기다[굼기다] 옮기다[옴기다]

6. 구개음화 규칙

**받침 'ㄷ, ㅌ(ㄾ)'이 조사나 접미사의 모음 'ㅣ'와 결합되는 경우 [ㅈ, ㅊ]으로 바꾸어서 뒤 음절
첫소리로 옮겨 발음합니다.** 벼훑이[벼훌치]

※ 이 책은 발음의 길이 표시는 생략하였습니다. 더 자세한 겹받침 문법 규정은 『표준어 규정』을 참고해 주세요.
   참고문헌 | 국립국어원 한글 맞춤법 『표준어 규정』 해설집

정답

재미있게 놀았나요?
그렇다면 다 같이
정답을 확인해 보아요!

27쪽

낱말을 읽고 알맞은 그림을 찾아 선으로 이어 보세요.

콩 영웅 총 상장

45쪽

보기 와 같이 낱말의 그림을 찾아 낱말 번호를 써 보세요.

보기
1. 떡

2. 국자   3. 옥수수   4. 복숭아
5. 호박   6. 미역국   7. 떡볶이

맛있게
먹었으니,
부엌도
정리하자!

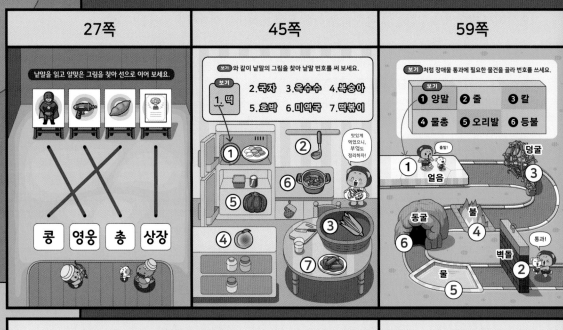

59쪽

보기 처럼 장애물 통과에 필요한 물건을 골라 번호를 쓰세요.

보기
❶ 양말   ❷ 줄   ❸ 칼
❹ 물총   ❺ 오리발   ❻ 등불

출발!   덩굴
얼음
동굴   불
벽돌   통과!
물

76쪽~77쪽

그림에 알맞은 낱말을 보기 에서 찾아 쓰고
예시 처럼 ㄴ 받침이 들어간 글자에 ◯해 보세요.

보기
바지, 반지, 무, 문, 블록, 우산, 연필
신발, 청진기, 선풍기, 단추, 짜장면

예시
인형

연필   신발   바지
우산   블록   문   반지
단추   무
선풍기   청진기   짜장면

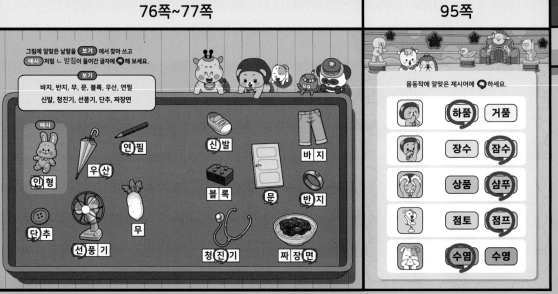

95쪽

몸동작에 알맞은 제시어에 ◯하세요.

하품	거품
장수	잠수
상품	샴푸
점토	점프
수염	수영

107쪽

자, 그럼 김밥을 만들기 위해 요리 준비를 해 볼까!

낱말을 읽고 알맞은 그림에 연결하세요.

도마
칼
앞치마
접시
비닐장갑

ㅂ, ㅍ 받침 모두 [읍] 소리가 나요.

128쪽~129쪽

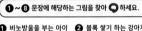

❶ ~ ❽ 문장에 해당하는 그림을 찾아 ⭕ 하세요.

❶ 비눗방울을 부는 아이
❷ 블록 쌓기 하는 강아지
❸ 돋보기로 찾는 사람
❹ 젖병을 든 아기
❺ 가마솥에 탄 하마
❻ 악어랑 걷고 있는 사람
❼ 꽃다발을 든 사람
❽ 비옷을 입은 사람

152쪽~153쪽

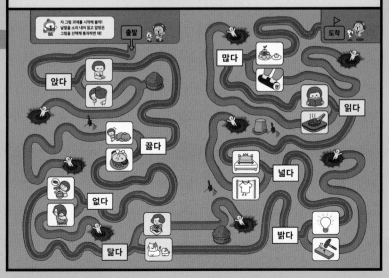

자 그림 과제를 시작해 볼까! 낱말을 소리 내어 읽고 알맞은 그림을 선택해 통과하면 돼!

출발
도착

앉다
많다
읽다
끓다
없다
넓다
닮다
밝다

신나는 한글 마법 여행
마법한글딱지
④ 받침·겹받침편

글·그림 | 재미씨

1판 1쇄 발행 | 2024년 2월 23일
개정판 1쇄 발행 | 2025년 1월 15일

기획·디자인·편집·제작 | 재미씨
펴낸곳 | ㈜재미씨
제조국 | 대한민국
출판등록 | 제 2016-000094호
전자우편 | cs@jaemicci.com
홈페이지 | www.magicddakji.com
주소 | 06641 서울특별시 서초구 사임당로 90
　　　 2층 203호 (서초동)
전화 | 02-521-1112
팩스 | 02-521-1113

* 주의사항 : 제품을 입에 물지 않도록 사용 시 주의하시기 바랍니다.
　　　　　　책 모서리에 부딪히거나 종이에 베이지 않도록 주의하세요.

* 잘못 만들어진 책은 구입하신 곳에서 교환해 드립니다.